Kurt Scherer

Lieder, die zu Herzen gehen

Impulse für das dritte Lebensalter

johannis

Rechtenachweis:
S. 23–24: »Herr, weil mich festhält deine starke Hand«
von Sr. Helga Winkel,

Literaturhinweis:
Kurt Scherer, Hedwig von Redern – ihr Leben und Leiden, ihr Loben und ihre Lieder. Ein kurzgefaßtes Portrait mit persönlichen Anmerkungen, Verlag Johannis, Lahr 1995 (Bestell-Nr. 77 700)
Kurt Scherer, Paul Gerhardt – der Psalmist der Christenheit. Ein Kurzporträt anhand seiner Lieder, Verlag Johannis, Lahr 1996 (vergriffen)

Die Deutsche Bibliothek – CIP-Einheitsaufnahme

Scherer, Kurt:
Lieder, die zu Herzen gehen : Impulse für das dritte Lebensalter / Kurt Scherer. – Lahr/Schwarzwald : Johannis, 2001
(TELOS-Bücher ; 7841 : Impulse für das dritte Lebensalter)
ISBN 3-501-01434-1

Impulse für das dritte Lebensalter 77 841

Umschlagbild: M. Höfer
Umschlaggestaltung: Friedbert Baumann
Gesamtherstellung:
St.-Johannis-Druckerei, Lahr/Schwarzwald
Printed in Germany 14794/2001

Vorwort

Neben der Bibel gehört das Gesangbuch zu den Büchern, die mein Leben entscheidend mitgeprägt haben. Die Entwicklung meiner Persönlichkeit ist ohne diese Lieder für mich nicht denkbar.

Sie trugen und tragen bis heute dazu bei, dass immer wieder die »alte Leier« von meinen Lippen weichen und einem neuen Lied Platz machen muss. So vergeht kaum ein Tag, an dem ich nicht Lob- und Danklieder, Lieder des Vertrauens und Gebetslieder, Lieder der Hoffnung und des Bekenntnisses laut singe oder im Herzen zur Ehre Gottes und zu meiner eigenen Ermutigung leise summe. Ich freue mich dabei, dass andere für das Worte gefunden haben, was ich selber glaube, empfinde und denke und gar nicht besser ausdrücken könnte. Das ist für mich ganz konkrete Lebens- und Glaubenshilfe. Ich erlebe durch diese Lieder »Seelsorge an der eigenen Seele« (Erich Schick). Dazu kommt die Erfahrung, dass Musik, Lieder und Melodien auch zur Entspannung beitragen, also eine heilsame Therapie für ein besseres Wohlbefinden von Körper, Geist und Seele sind.

So will dieses Büchlein etwas von dem großen

Erfahrungsschatz von Männern und Frauen verschiedener Zeiten zum Klingen bringen, damit wir ermutigt werden, immer wieder »ein neues Lied« (Psalm 33,3; 98,1) anzustimmen.

Inhalt

Auswendig lernen – inwendig erfahren

Schon im Kindergottesdienst hat mich die bildhafte Sprache der Lieder des Gesangbuchs angesprochen; etwa: »Weil ich Jesu Schäflein bin, freu ich mich nur immerhin über meinen guten Hirten, der mich wohl weiß zu behüten, der mich liebet, der mich kennt und bei meinem Namen nennt« (Luise von Hayn, 1724–1782). Und im Jugendkreis waren es Lieder wie »Mächtig tobt des Sturmes Brausen um ein kleines Schiff; hilflos hin und her geworfen, droht ihm manches Riff. Mut, habt Mut, blickt auf den Retter, höret, was er spricht: Ich bin bei euch alle Tage, ich helfe euch, verzaget nicht« (Ernst Gebhardt, 1832–1899). In späteren Jahren sind die Lieder von Martin Luther (1483–1546), Gerhard Tersteegen (1697–1769), Hedwig von Redern (1866–1935), Philipp Friedrich Hiller (1699–1769), Paul Gerhardt (1607–1676) zu einem unentbehrlichen Bestandteil meines Gott vertrauenden Denkens geworden. Ich habe sie als Schatz entdeckt, und das besonders in den bösen Tagen, die – wie die Bibel sagt – uns nicht gefallen (Prediger 12,1). Viele dieser Lieder habe ich bereits in der Jugendzeit auswendig gelernt. Im

Laufe der Jahre wurden sie zur erprobten, erfahrenen, inneren Gewissheit, zu einer notwendigen eisernen Ration, von der ich zehren konnte und bis heute zehren kann, zum Beispiel in Tagen der Krankheit.

Das Singen und die Musik

haben in der Bibel ihren besonderen Stellenwert. Ob wir an Moses Lobgesang denken (2. Mose 15,1–21) oder an die Psalmsänger mit ihrem reichen Repertoire (Psalm 40; 50; 148; 150), an den Lobgesang Marias (Lukas 1,46–55), an die frühen Lieder der Christen (1. Petrus 1,3–5; 1. Timotheus 3,16; Philipper 2,5–11) oder die Triumphlieder in der Offenbarung (5,9.10; 15; 19,1.6.7): Sie alle geschehen zur Ehre Gottes (Psalm 33) und zur Ermutigung und zur Erquickung des menschlichen Herzens. Paulus macht darauf besonders aufmerksam (Epheser 5,18 und Kolosser 3,16): »Das Wort von Christus wohne in euch in Fülle, dadurch dass ihr euch untereinander in aller Weisheit lehrt und ermahnt mit Psalmen, Hymnen und durch den Heiligen Geist gewirkten Liedern und indem ihr in Dankbarkeit in euren Herzen Gott singt.« Beides wird also angesprochen: der Gesang zum Lobe Gottes, das geistliche Lied als hörbarer Hymnus auf Gott, und das meditative, nicht hörbare Anbeten Gottes im Herzen. Musik hat die Eigenschaft, das gesprochene Wort zu vertiefen; die Botschaft von der Liebe Gottes zu uns Menschen in unsere Herzen zu transportieren.

Die einzigartige Fähigkeit

Musik zu machen und sich an der Musik zu erfreuen, ist ein besonderes Geschenk Gottes an den Menschen. Sie ist Ausdruck unseres Lebens und Erlebens. Dabei hat jede Zeit ihre besonderen Ausdrucksformen.

Mit der Reformation und mit Martin Luther (1483–1546) entwickelt sich die Musik vom gregorianischen Gesang zur musikalischen Harmonie. Es wird vierstimmig gesungen. In Luthers Texten, die in der Muttersprache Deutsch gedichtet werden, dominiert das »Wir«. Gemüt und Verstand werden angesprochen, was zu einer Bereicherung des Lebens beiträgt. Bei Paul Gerhardt (1607–1676), dem Psalmisten der Christenheit, sind die Textaussagen vom »Ich« geprägt. Sie geben mit ihren Bekenntnisliedern und Chorälen Grundwahrheiten der Bibel ebenso weiter wie persönliche Erfahrungen.

Johann Sebastian Bach (1685–1750), der »fünfte Evangelist«, wie er auch genannt wird, erreicht mit seinen Kompositionen, die er allein zur Ehre Gottes, »Soli Deo Gloria«, schreibt, bis heute viele Herzen. Seine Musik hat Kraft, Gefühle auszudrücken und zu beeinflussen.

Nikolaus Ludwig Graf von Zinzendorf

(1700–1760), der Gründer der Herrnhuter Brüdergemeine, dichtet von Herzen kommende und zu Herzen gehende Lieder zu Rhythmen seiner Zeit. Von ihm stammen die Sätze: »Aus der Bibel sieht man, wie Gott mit den Menschen redet, und aus dem Gesangbuch, wie Menschen mit Gott reden.«

Mit William Booth (1829–1912), dem Begründer der Heilsarmee, kommen die forschen, mitreißenden Marschrhythmen nach Deutschland.

Ernst Gebhardt (1832–1899), der Evangeliumssänger und Mitbegründer des Christlichen Sängerbundes, bringt Songs und Spirituals aus Nordamerika und England nach Deutschland.

Die charismatische Bewegung leitet die populäre christliche Musik ein: Jazz, Negrospirituals, Musicals, Jugendchöre, Pop-Musik, Praise-Songs mit ihren rhythmisch betonten Melodien bestimmen seit den 1960er-Jahren weithin das Bild.

Heute sind es vor allem die Anbetungs- und Lobpreislieder, die vielerorts das Gemeindeleben prägen. Sie haben gewiss ihren durch nichts zu ersetzenden Stellenwert, doch sie dürfen keinen Ausschließlichkeitscharakter gegenüber dem Liedgut vergangener Zeiten bekommen, sonst geht etwas verloren vom zeugnishaften Leben eines Christen.

»Singet ...«

Musik ist einer guten Medizin vergleichbar. Sie hat in der Heilkunde eine lange Tradition. Ihre Heilkraft, ihre heilpädagogische und Seelsorgetherapeutische Wirkung ist bekannt. Schon die Bibel weiß davon (1. Samuel 16,23), wenn etwa Saul in seiner depressiven bzw. aggressiven Stimmung durch das Saitenspiel Davids besänftigt wird. So wird Musik auch heute in der Therapie gezielt eingesetzt. Ihre heilenden und stärkenden Kräfte führen zu Harmonie und Lebensfreude. Ihre Klänge dienen der wohltuenden Einheit des Menschen. Geist, Seele und Körper werden davon angesprochen. Musik fördert die Entspannung, trägt zur Entkrampfung bei, reduziert die Angst, mindert die Depression, vertreibt den Zorn – so neueste Erfahrungen aus dem Bereich der Heilkunde. Gerade in unserer kopflastigen Zeit sind natürlich auch Gefühle gefragt. Dabei zeigt sich: Man lässt sich nur von solcher Musik heilsam beeinflussen, die dem persönlichen Geschmack entspricht. Das kann von Klassik bis Pop gehen. Auch weiß man inzwischen, dass langsame Tempi, leise Töne, harmonische Rhythmen wohltuender, beruhigender wirken als schnelles Tempo und unruhiger Rhythmus. Grundsätzlich aber gilt: Hilfreich ist, wenn der Stil der Musik einen in der Stimmung abholt, in der man sich gerade befindet. Die Vielfalt der musikalischen Ausdrucksformen ermöglicht das auch.

So zeigt auch die Erfahrung, dass von wohltuenden Melodien eine befriedende, ermutigende Kraft ausgeht, die Hoffnung und Zuversicht schenkt. Es geht der Musik also nicht nur um erbauende Gefühle, sondern düstere Stimmungen erhellen sich, Anfechtungen wird siegreich begegnet, Schwachheit bekommt neue Kraft. Ich kann das aus eigener Erfahrung bestätigen und ermutige daher zum Hören entsprechender Musik, und das in aller Ruhe. Lassen Sie die Texte und Melodien auf sich wirken. Fangen Sie an, neu oder zum ersten Mal, selbst Lob- und Danklieder, Lieder des Vertrauens und der Zuversicht zu singen und zu summen, auf sich wohltuend wirken zu lassen. Verwirklichen Sie die Aufforderung des Psalmisten: »Singet dem Herrn ein neues Lied, denn er tut Wunder« (Psalm 98,1). Auch das eigene Musizieren hat einen durch nichts zu ersetzenden Stellenwert. Es ist daher nie zu spät, für den eigenen Hausgebrauch ein Musikinstrument zu erlernen.

»Singet dem Herrn ...«

»Singet dem Herrn ein neues Lied; denn er tut Wunder« (Psalm 98,1). Dieses Bibelwort gibt die Richtung an, um was bzw. um wen es im geistlichen Liedgut, bei »christlicher Musik« geht. Die erwähnten Liederdichter hatten alle nur das eine Ziel: Sie wollten mit ihren Texten und Melodien Gott groß machen, ihm die Ehre geben, von seinen großen Taten sprechen, von seinen Wundern, die er tut, singen. Und bei vielen von ihnen war es Lob aus der Tiefe. Man versteht ihre Lieder am besten, wenn man diese im Zusammenhang ihrer Entstehungsgeschichte sieht. Das hat mich veranlasst, mich etwas intensiver mit dem Leben verschiedener Dichter und Dichterinnen zu befassen. Das wiederum hat zur Bereicherung, zur Horizonterweiterung meines Lebens geführt. Ich weiß nicht, ob es Ihnen ähnlich geht wie mir: Ich möchte oft so gerne mit ganzer Herzensüberzeugung sprechen, was zum Beispiel Paul Gerhardt bekennt: »Befiehl du deine Wege und was dein Herze kränkt, der allertreusten Pflege des, der den Himmel lenkt. Der Wolken, Luft und Winden gibt Wege, Lauf und Bahn, der wird auch Wege finden, da dein Fuß gehen kann.«

Doch ein solches Bekenntnis, das ist mir inzwischen ganz klar geworden, kann man nur aus Überzeugung sprechen, wenn man auch bereit ist, den Weg zu gehen, auf dem solche Erfahrungen gemacht werden – den Weg der Nachfolge Jesu. Losgelöst von diesem Weg, geht es nicht. Die prägenden Etappen, auf denen sie gesammelt werden, kann man nicht einfach überspringen. Das geht nicht. Erfahrungen anderer können auf Dauer auch nicht als Ersatz für eigenes Erleben angesehen werden. Sie halten dann in der Prüfung nicht das, was sie aussagen. Aber sie sind eine ermutigende Einladung, selbst Gott und sein Wort zu erproben.

Wir wollen uns im Folgenden einige Liederdichterinnen und -dichter näher anschauen.

Paul Gerhardt

In Mittenwalde heiratet Paul Gerhardt 1655 mit 48 Jahren. Seine Frau ist 32 Jahre alt. Nun leidet er nicht mehr unter der Einsamkeit vergangener Jahre, die ihn so sehr gequält hat. Die Ehepartner ergänzen sich, indem sie in feiner Weise aufeinander eingehen. Doch ihre Liebe und Freude werden bald auf die Probe gestellt. Nur neun Monate können sie sich ihres ersten Töchterleins erfreuen; dann stirbt es.

Nur langsam finden sich die Eltern in Gottes Gedanken. Das ist umso schwerer, als noch ein anderer Stachel in der Wunde bohrt. Ein Amtsbruder verhärtet sein Herz immer mehr gegen Paul Gerhardt. Gerhardts zartes Gemüt leidet unter diesen Zuständen sehr. Die Gottesdienstbesucher können oft seine innere Not aus seinen Predigten heraushören, zumal als er eines Sonntags über Psalm 37, Vers 5 predigt: »Befiehl dem Herrn deine Wege und hoffe auf ihn, er wird's wohl machen.« Diese Predigt, in großer Anfechtung entstanden, schlägt mächtig ein. Man begreift, dass hier ein geängstetes und zerschlagenes Herz sich aus der Tiefe emporzuringen sucht zu neuem Gottvertrauen. In Paul Gerhardts Herz selbst wirkt diese Predigt nach. Am stillen

Abend schreibt er das von der Kanzel Gesagte in Versen nieder:

Befiehl du deine Wege
und was dein Herze kränkt,
der allertreusten Pflege
des, der den Himmel lenkt.
Der Wolken, Luft und Winden
gibt Wege, Lauf und Bahn,
der wird auch Wege finden,
da dein Fuß gehen kann.

Dem Herren musst du trauen,
wenn dir's soll wohl ergehn;
auf sein Werk musst du schauen,
wenn dein Werk soll bestehn.
Mit Sorgen und mit Grämen
und mit selbsteigner Pein
lässt Gott sich gar nichts nehmen,
es muss erbeten sein.

Dein ew'ge Treu und Gnade,
o Vater, weiß und sieht,
was gut sei oder schade
dem sterblichen Geblüt;
und was du dann erlesen,
das treibst du, starker Held,
und bringst zum Stand und Wesen,
was deinem Rat gefällt.

Weg hast du allerwegen,
an Mitteln fehlt dir's nicht;
dein Tun ist lauter Segen,
dein Gang ist lauter Licht;
dein Werk kann niemand hindern,
dein Arbeit darf nicht ruhn,
wenn du, was deinen Kindern
ersprießlich ist, willst tun.

Und ob gleich alle Teufel
hier wollten widerstehn,
so wird doch ohne Zweifel
Gott nicht zurücke gehn;
was er sich vorgenommen
und was er haben will,
das muss doch endlich kommen
zu seinem Zweck und Ziel.

Hoff, o du arme Seele,
hoff und sei unverzagt!
Gott wird dich aus der Höhle,
da dich der Kummer plagt,
mit großen Gnaden rücken;
erwarte nur die Zeit,
so wirst du schon erblicken
die Sonn der schönsten Freud.

Auf, auf, gib deinem Schmerze
und Sorgen gute Nacht,
lass fahren, was dein Herze
betrübt und traurig macht;
bist du doch nicht Regente,
der alles führen soll,
Gott sitzt im Regimente
und führet alles wohl.

Ihn, ihn lass tun und walten,
er ist ein weiser Fürst
und wird sich so verhalten,
dass du dich wundern wirst,
wenn er, wie ihm gebühret,
mit wunderbarem Rat
das Werk hinausgeführet,
das dich bekümmert hat.

Er wird zwar eine Weile
mit seinem Trost verziehn
und tun an seinem Teile,
als hätt in seinem Sinn
er deiner sich begeben
und sollt'st du für und für
in Angst und Nöten schweben,
als frag er nichts nach dir.

Wird's aber sich befinden,
dass du ihm treu verbleibst,
so wird er dich entbinden,
da du's am mindsten glaubst;
er wird dein Herze lösen
von der so schweren Last,
die du zu keinem Bösen
bisher getragen hast.

Wohl dir, du Kind der Treue,
du hast und trägst davon
mit Ruhm und Dankgeschreie
den Sieg und Ehrenkron;
Gott gibt dir selbst die Palmen
in deine rechte Hand
und du singst Freudenpsalmen
dem, der dein Leid gewandt.

Mach End, o Herr, mach Ende
mit aller unsrer Not;
stärk unsre Füß und Hände
und lass bis in den Tod
uns allzeit deiner Pflege
und Treu empfohlen sein,
so gehen unsre Wege
gewiss zum Himmel ein.

Hedwig von Redern

Schon als kleines Kind macht Hedwig von Redern leidvolle Erfahrungen: Die ersten Monate wächst sie ohne Vater auf. Er ist im Krieg. Mit acht Jahren erlebt sie den Tod ihres Neffen. Sie kann darin nicht Gottes Liebe sehen. Mit 19 Jahren bekommt sie Scharlach. Ihr Leben hängt an einem seidenen Faden. Mit 20 Jahren, als sie zu einer Auslandsreise unterwegs ist, erfährt sie vom plötzlichen Tod ihres Vaters, zu dem sie ein besonders inniges Verhältnis hat. Viele Fragen bewegen sie, auf die sie keine Antwort findet. Sie leidet, an sich selbst, an anderen, an ihrer Umwelt und an Gott. Wieder bohren die Fragen in ihr: Warum hat Gott das zugelassen? Warum tut er das? Was will Gott? Wie eine dunkle, schwere Wolke legt sich alles über ihre Seele.

»Nur nicht tiefer denken, dann verliert man das Gleichgewicht, die Selbstbeherrschung … Die Seele wehrt sich gegen das Leid und ist wie jemand, der im Keller eines eingestürzten Hauses lebendig begraben liegt. Sie will nicht in den Tod, sie will das Leben und begreift immer noch nicht, dass Leben nur aus dem Tod erwächst.«

Doch nicht genug dieser Bedrängnis. Wenige Monate später zerstört ein Feuer das elterliche Gut total. Hedwig von Redern versteht Gott nun überhaupt nicht mehr. »Ihre Seele schweigt in Ohnmacht. Dass er (Gott) gerecht ist, muss sie glauben; dass er die Liebe ist, will sie nicht annehmen; sie sagt's laut und trotzig hinaus: Liebe? Die sieht anders aus. Er zertritt sie ja!« Sie kann Gott nicht begreifen …

Hedwig von Redern schreibt sich ihr ganzes Herzweh, ihre Einsamkeit von der Seele. Es sind Lieder des Leids. Das Dichten wird ihr zur Hilfe und bringt der Seele Erleichterung. Es sind ihre Psalmen, in denen ihre Entwurzelung auf Erden und ihre Beheimatung im Himmel, in der Ewigkeit, ihren Ausdruck finden. »Musste Gott aus dem Heimatparadies vertreiben, um den Weg in die ewige Heimat zeigen zu können?«, so fragt sie und gibt sich selbst die Antwort: »Sei still, du wirst es hernach erfahren, warum alles so ist … Wer sagt das? Jesus! … Hernach Segen.«

Später fließt ihr, aufgrund dieser und ähnlicher Erfahrungen – dass Gott auch dann ein Gott der Liebe bleibt, wenn wir sein Handeln, seine Wege mit uns nicht verstehen –, dieses bekannte Lied aus der Feder, das schon vielen, vielen zum Trost ebenso wie zur Ermutigung geworden ist:

Weiß ich den Weg auch nicht, du weißt ihn wohl,
das macht die Seele still und friedevoll.
Ist's doch umsonst, dass ich mich sorgend müh,
dass ängstlich schlägt mein Herz, sei's spät, sei's
früh.

Du weißt den Weg ja doch, du weißt die Zeit,
dein Plan ist fertig schon und liegt bereit.
Ich preise dich für deiner Liebe Macht,
ich rühm die Gnade, die mir Heil gebracht.

Du weißt, woher der Wind so stürmisch weht,
und du gebietest ihm, kommst nie zu spät;
drum wart ich still, dein Wort ist ohne Trug,
du weißt den Weg für mich – das ist genug.

Herr, weil mich festhält deine starke Hand

vertrau ich still.
Weil du voll Liebe dich zu mir gewandt,
vertrau ich still.
Du machst mich stark, du gibst mir frohen Mut,
ich preise dich; dein Wille, Herr, ist gut.

Herr, weil ich weiß, dass du mein Retter bist,
vertrau ich still.
Weil du für mich das Lamm geworden bist,
vertrau ich still.
Weil ich durch dich dem Tod entrissen ward,
präg tief in mich, Herr, deine Lammesart.

Herr, weil du jetzt für mich beim Vater flehst,
vertrau ich still.
Weil du zu meiner Rechten helfend stehst,
vertrau ich still.
Droht mir der Feind, so schau ich hin auf dich;
ein Bergungsort bist du, o Herr, für mich.

Ist auch die Zukunft meinem Blick verhüllt,
vertrau ich still.
Seitdem ich weiß, dass sich dein Plan erfüllt,
vertrau ich still.
Seh ich nicht mehr als nur den nächsten Schritt,
mir ist's genug! Mein Herr geht selber mit.

Es gibt viele Lieder des Vertrauens. Aber nur wenige, bei denen die Begründung des Vertrauens so im Vordergrund steht wie bei diesem Lied. Es ist also nicht so, dass Gott »blindes Vertrauen« von uns fordert. Vielmehr ist es so, dass er vertrauenswürdig ist, weil er uns seine Glaubwürdigkeit, von der die Bibel spricht, durch Erfahrungen unseres Lebens bestätigt. Von diesen Beweisen singt dieses Lied in vielfältiger Weise.

»Herr, weil mich festhält deine starke Hand ...«: Ich habe erlebt, dass du, mein Gott, mich festhältst in äußeren und inneren Gefahren. Darum kann ich sprechen: »Dennoch bleibe ich stets an dir; denn du hältst mich bei meiner rechten Hand, du leitest mich nach deinem Rat ...« (Psalm 73,23.24). Warum solltest du deine Hand nicht auch weiterhin über mir halten?! Du bist treu. Ich traue dir! Du liebst mich!

»Weil du voll Liebe dich zu mir gewandt ...«: Sich geliebt wissen gibt dem Leben den rechten Sinn und Wert. Liebe macht stark, gibt frohen Mut – das ist Grund, Gott zu preisen.

»Herr, weil ich weiß, dass du mein Retter bist ...«: Das ganze Heilsgeschehen kommt in dieser Strophe zum Tragen: Durch Jesu Sterben am Kreuz von Golgatha habe ich Vergebung meiner Schuld, bin ich mit Gott versöhnt. Durch Jesus habe ich Anteil am Leben Gottes, dem ewigen

Leben. Keine Sünde, kein Tod, kein Teufel können mir dieses Geschenk mehr rauben. Mein Leben darf von diesem fundamentalen Erleben geprägt sein.

Die Beweisführung für die Vertrauenswürdigkeit Jesu geht weiter: »Herr, weil du jetzt für mich beim Vater flehst, vertrau ich still.« Jesus, der sein Leben für mich gelassen hat, will, dass ich das Ziel meines Lebens, die Ewigkeit in ungetrübter Gemeinschaft mit Gott, erreiche. Darum steht er für mich ein. Er sagt mir wie dem Petrus: »Ich aber habe für dich gebeten, dass dein Glaube nicht aufhöre« (Lukas 22,32). Ich habe in Jesus meinen Fürsprecher. Wenn mich der Widersacher Gottes und mein eigenes Gewissen verklagen wollen, darf ich voll Vertrauen sprechen: »Droht mir der Feind, so schau ich hin auf dich; ein Bergungsort bist du, o Herr, für mich.« Und wenn ich aufbegehren will, weil ich die Grenzen meiner Kraft zu spüren bekomme, dann gib mir deine »Lammesart«. Wer das aus innerer Überzeugung sprechen kann, geht getrost in die Zukunft. So ist die letzte Strophe Ausdruck des tiefen Vertrauens eines Menschen in die Wegführungen Gottes, weil er weiß, dass Gott mit ihm zum Ziele kommt. »Mir ist's genug, mein Herr geht selber mit!«

Schwester Helga Winkel, eine Aidlinger Diakonisse, geboren 1926, erkrankte mit 27 Jahren an Diabetes. In dieser Zeit entstand dieses Lied. Sie schreibt:

»Es folgten Jahre ... besonders auch der inneren Auseinandersetzung mit der Frage: ›Wozu führt Gott mich gerade so? Will er, dass ich ihm für eine völlige Heilung vertraue? Oder soll ich ihm in den Engpässen der Krankheit vertrauen lernen?‹ Weil Gott mich kannte und besser wusste als ich, was ich brauchte, hatte er in seiner liebevollen Fürsorge schon ein Jahr vor der Diagnose ›Zucker‹ die Weichen für mein Leben gestellt. Glitt mein Lebenszug in jener Zeit auch recht holpernd über die Schienen, so war die Richtung doch gegeben. Ich wurde damals zur Erholung gesandt, obwohl das keine reine Freude für mich war. Viel lieber hätte ich gearbeitet, etwas geleistet, mich eingesetzt. Da mir nichts weh tat und ich den Grund meiner raschen Ermüdbarkeit noch nicht kannte, waren mir die Grenzen, auf die ich ständig stieß, einfach unverständlich. Das machte mich unzufrieden, niedergeschlagen und gereizt. Heute weiß ich freilich, dass ich auf diesem Weg lernen sollte, nicht mit mir und meiner Kraft zu rechnen und mich stattdessen der Hand des Herrn und seiner Führung vorbehaltlos anzuvertrauen.«

»Singet dem Herrn ein neues Lied!«

Der Psalmist, der diese Ermutigung ausspricht, muss die ältere Generation nicht zum Singen auffordern. Sie singt ihre Glaubenslieder. Sie singt davon, was sie mit Gott erlebt hat und erlebt. Sie gibt damit ihre Erfahrungen mit Gott an die junge Generation weiter. Ihr Lied ist das Glaubenszeugnis von der durchtragenden Liebe und Treue Gottes, von seiner Gnade und Barmherzigkeit, seiner Geduld und Fürsorge. Das wissen die Jungen; die Alten haben es ihnen weitererzählt: »Unsere Väter hofften auf dich; und da sie hofften, halfst du ihnen heraus« (Psalm 22,5). Die Jungen akzeptieren und respektieren das Lied der Alten. Doch das ist nicht genug. Das reicht nicht aus, um ein sinnvolles und damit reiches eigenes Leben zu gestalten. Die ältere Generation will mit ihrem Lied die Jugend ermutigen, ihr Vertrauen auch auf Gott zu setzen. Das Loben und Danken der Alten, ihr Zeugnis von den Gebetserhörungen, ihr Bekenntnis, dass Gott eingreift, hilft, führt, Wunder tut, soll in der jungen Generation das Verlangen wecken, eigene Erfahrungen mit diesem Gott zu machen. Die junge Generation soll ein »neues Lied« anstimmen, ihr Lied mit ihren Erfahrungen! So wichtig das »alte Lied« ist, als Erfahrungsschatz der »Väter und Mütter in Jesus Christus«, das »neue Lied« muss angestimmt werden, damit das Zeugnis von Gott durch die Generationen lebendig bleibt und weitergeht. Sonst gibt es kein »neues Lied«, kein Zeugnis von Gottes großen Taten, von seiner Vergebung und Versöhnung, seiner Gnade und Barmherzigkeit heute.

Man kann auf die Dauer nicht von den Erfahrungen anderer leben, auch wenn sie eine Ermutigung sind. Notwendig sind eigene Erfahrungen mit Gott, um im Glaubensleben zu wachsen, zu reifen und Frucht zu tragen. Der Stoff für das »neue Lied« ist dadurch gegeben, dass Gott unwandelbar treu ist und auch in unseren Tagen Wunder tut.

Das alte und das neue Lied

Gewiss kennen Sie den Ausspruch: »Immer die alte Leier!« Es wird damit das alte Lied des Klagens und Jammerns beschrieben. Es ist ein Lied, das eine negative, destruktive Geisteshaltung zum Ausdruck bringt. Der Pessimist stimmt es oft an. Er sieht alles grau in grau: »Es wird ja doch nicht besser!«

Ganz anders der Optimist, der Zuversichtliche. Statt zu klagen, übt er sich im Gottvertrauen. Statt aufzustecken, steht er auf! Sein Leben besteht aus lauter Neuanfängen. Das neue Lied will geübt sein, immer und immer wieder, gerade wenn es uns schwer fällt. Dem Ganzen liegt ein Umdenken zu Grunde. Man muss seinen alten Standort verlassen, um eine neue Perspektive zu bekommen. Schwerpunkte verlagern sich dann vom alten zum neuen Lied:

Das alte Lied heißt: »Hauptsache gesund!«

Das neue Lied heißt: »... wenn auch unser äußerer Mensch verfällt, so wird doch der innere von Tag zu Tag erneuert« (2. Korinther 4,16).

Das alte Lied heißt: »Freut euch des Lebens, weil noch das Lämpchen glüht ...«

Das neue Lied heißt: »Freut euch, dass ihr immer in des Herrn Hand geborgen seid.«

Das alte Lied heißt: »Geld regiert die Welt.«

Das neue Lied heißt: »Die Freude am Herrn ist eure Stärke« (Nehemia 8,10).

Das alte Lied heißt: »Jeder ist sich selbst der Nächste.«

Das neue Lied heißt: »Liebe deinen Nächsten wie dich selbst« (Markus 12,31).

Das alte Lied heißt: »Man muss etwas zu seiner Sicherheit und Selbsterhaltung tun.«

Das neue Lied heißt: »Wer sein Leben erhalten will, der wird es verlieren; wer aber sein Leben verliert um meinetwillen, der wird's erhalten« (Lukas 9,24).

Das alte Lied heißt: »Es hat doch alles keinen Wert.«

Das neue Lied heißt: »Die Liebe ist langmütig« (1. Korinther 13).

Das alte Lied heißt: »Wie man in den Wald hineinruft, so schallt es zurück.«

Das neue Lied heißt: »Vergeltet nicht Böses mit Bösem oder Scheltwort mit Scheltwort« (1. Petrus 3,9).

Das alte Lied heißt: »Das ist doch selbstverständlich.«

Das neue Lied heißt: »Seid dankbar in allen Dingen« (1. Thessalonicher 5,18).

»Wer nur den lieben Gott lässt walten«

Lieder, die von Herzen kommen, sind Lieder, die zu Herzen gehen. Es sind Lieder, mit deren ansprechendem Text und wohltuenden Melodien man sich den Kummer vom Herzen und das Getrostsein ins Herz singen kann; Lieder, die den Geist ermutigen, das Gemüt erhellen, die Nerven beruhigen, dem Körper wohl tun.

Über viele Jahre habe ich im EVANGELIUMS-RUNDFUNK (ERF) monatlich zwei Sendereihen gestaltet – eine halbe und eine viertel Stunde – mit dem Titel: »Singet dem Herrn« und »Lied des Monats«.

Viele Briefe haben bestätigt, dass Lieder Trost und Ermutigung in den verschiedensten Lebenslagen sind. So schreibt mir ein Hörer:

»Soeben hörte ich Ihre Sendung ›Lied des Monats‹. Sie sprachen über Georg Neumarks Choral ›Wer nur den lieben Gott lässt walten ...‹ Meine Gedanken gingen Jahre zurück. Sozusagen von heute auf morgen, jedenfalls ohne Vorankündigung, wurde ich arbeitslos. Ich verlor einen gut bezahlten Arbeitsplatz in führender Position, die ich sehr gerne ausfüllte. Das stürzte mich in ein tiefes Loch. Ich wurde depressiv.

Auch meine Ehe und die Familie hatten darunter zu leiden. Plötzlich war ich den ganzen Tag zu Hause. Ich wusste mit meiner vielen Zeit nichts Richtiges anzufangen. Mein Selbstwertgefühl war erschüttert. Meine Gedanken, meine Gefühle fuhren Achterbahn. Auch mein Glaube wurde erschüttert. Fragen über Fragen trieben mich um. Ich verstand Gott und die Welt nicht mehr. Antworten hatte ich keine. Auch Gott gab mir keine – so meinte ich wenigstens. Meine Frau und Freunde ermutigten mich. Täglich beteten wir zusammen, mehr als sonst, intensiver als je in unserem Leben. In all diesem Durcheinander sangen wir an einem Sonntagmorgen im Gottesdienst das von Ihnen besprochene Lied ›Wer nur den lieben Gott lässt walten...‹ Das sprach mich direkt an. Ich fasste wieder etwas Mut, schöpfte Hoffnung, mit meinem bisherigen Gottvertrauen nicht einer Fata Morgana nachgejagt zu sein. Doch in meinem Glaubensleben ging es trotzdem immer noch rauf und runter. Der Gang zum Arbeitsamt als 57-Jähriger war schwer für mich. Ich bekam ein neues Verständnis für ähnlich Betroffene, für daraus entstehende persönliche und familiäre Konflikte. Heute, rückblickend, kann ich sagen: Meine Arbeitslosigkeit war keine verlorene Zeit. Die Erfahrungen, die ich darin machte, erweiterten mein Verständnis für Menschen in Krisen. Ich habe zum Beispiel daraus gelernt, dass der Wert eines Menschen nicht in seiner Verwertbarkeit liegt, sondern dass er »an sich« wertvoll ist, weil von Gott in allen Lebenslagen wertgeachtet und geliebt. Auch das andere habe ich gelernt: Arbeit ist nicht nur Job. Arbeit macht unser Leben sinnvoll.

Arbeit gehört zu unserem Schöpfungsauftrag. Freunde wussten von unserer Not. Eines Tages bekam ich einen Telefonanruf. Man informierte mich davon, dass in einem Missionswerk die Stelle eines Personalleiters zu besetzen sei. Ich solle mich bewerben. Ich tat es und bekam die Stelle. Zwar verdiente ich weit weniger als bisher. Doch ich wurde wieder gebraucht. Das war die Hauptsache. Meine in der Krise gesammelten Erfahrungen konnte ich nun gut umsetzen. Inzwischen bin ich im Ruhestand. Es stimmt schon, was Georg Neumark bekennt …«

Wer nur den lieben Gott lässt walten
und hoffet auf ihn allezeit,
den wird er wunderbar erhalten
in aller Not und Traurigkeit.
Wer Gott, dem Allerhöchsten, traut,
der hat auf keinen Sand gebaut.

Was helfen uns die schweren Sorgen,
was hilft uns unser Weh und Ach?
Was hilft es, dass wir alle Morgen
beseufzen unser Ungemach?
Wir machen unser Kreuz und Leid
nur größer durch die Traurigkeit.

Man halte nur ein wenig stille
und sei doch in sich selbst vergnügt,
wie unsers Gottes Gnadenwille,
wie sein Allwissenheit es fügt;
Gott, der uns sich hat auserwählt,
der weiß auch sehr wohl, was uns fehlt.

Er kennt die rechten Freudenstunden,
er weiß wohl, wann es nützlich sei;
wenn er uns nur hat treu erfunden
und merket keine Heuchelei,
so kommt Gott, eh wir's uns versehn,
und lässet uns viel Guts geschehn.

Denk nicht in deiner Drangsalshitze,
dass du von Gott verlassen seist
und dass ihm der im Schoße sitze,
der sich mit stetem Glücke speist.
Die Folgezeit verändert viel
und setzet jeglichem sein Ziel.

Es sind ja Gott sehr leichte Sachen
und ist dem Höchsten alles gleich:
den Reichen klein und arm zu machen,
den Armen aber groß und reich.
Gott ist der rechte Wundermann,
der bald erhöhn, bald stürzen kann.

Sing, bet und geh auf Gottes Wegen,
verricht das Deine nur getreu
und trau des Himmels reichem Segen,
so wird er bei dir werden neu.
Denn welcher seine Zuversicht
auf Gott setzt, den verlässt er nicht.

»Alte mit den Jungen sollen loben den Namen des Herrn« (Psalm 148,12)

Zu meinen Sendereihen im ERF, die bestätigen, dass Lieder, die von Herzen kommen, Lieder sind, die zu Herzen gehen, gehörte »SENIOR«. Jeden Monat – über drei Jahre lang – interviewte ich Männer und Frauen über 80 Jahre zum Thema »Alter und Glaube«. Zu ihnen gehörten die Bischöfe Dr. Friedrich Wunderlich und Dr. Martin Haug, der Evangelist Ernst Krupka, die Dichterin Käte Walter, die Schriftstellerin Elisabeth Sauter-Dreisbach, Lizentiat Hans Brandenburg, Pastor Heinrich Kemner, um nur einige zu nennen.

Diese Begegnungen zählen für mich zu den wertvollsten meines Lebens. Es sind »Menschen, durch die ich gesegnet wurde« (Ernst Modersohn). Mir wurde dabei bewusst, welch ein Reichtum durch Begegnungen mit der älteren Generation in unser Leben kommen kann. Die in einem langen Leben gewonnenen Erkenntnisse sind: Können, Rat, Lebensweisheit, Erfahrung im Miteinander der Generationen. Nach dem Motto »Miteinander leben – voneinander lernen!« gewinnt man gegenseitige Bereicherung.

Erfahrung ist die Summe gelebten Lebens. Sie

setzt sich aus Freude und Leid, Glück und Not zusammen. Sie vertieft die Jahre. Sie eröffnet Perspektiven, die nicht nur das eigene Leben auch im Alter lebenswert machen, sondern für die folgenden Generationen eine Zukunft in Aussicht stellen.

Zu diesen Erfahrungen, die mein Leben bereichert haben, gehört die Begegnung mit Tante Friede, von der ich schon in einem anderen Band dieser Reihe berichtet habe. Nachdem wir schon öfters über ihren Lebensweg in Vergangenheit, Gegenwart und Zukunft miteinander gesprochen hatten, meinte sie in einer dieser Unterhaltungen, dass sie den Eindruck gewonnen habe, in den letzten fünf Jahren mehr gelernt zu haben als in all den Jahrzehnten zuvor. Sie war damals schon über 80 Jahre. Ihr Eindruck trügte nicht. Mir fiel selbst auf, dass tatsächlich in ihrem Alter ein Reifeprozess eingesetzt hatte, der ihr Wesen nochmals entscheidend positiv veränderte: ihr Blick für Zusammenhänge, ihre neue Einschätzung von Menschen – ohne Vorurteil, ihre Aufgeschlossenheit für Begegnungen, ihre Barmherzigkeit, ihre Freude an Liedern ...

Das wohl prägendste Merkmal für diesen Reifeprozess in ihrem Alter war, dass sie ein ganzes Ja fand zu Gottes Führung in ihrem Leben. Das war bisher nicht der Fall gewesen. Irgendwie, wenn auch in den verborgenen Falten ihres Gott vertrauenden Denkens, hatte sie Vorbehalte gegen den Weg, den Gott sie in ihrem Leben bisher geführt hatte. Es waren ja auch nicht gerade einfache Wege gewesen. Not, Leid, Entbehrung, Enttäuschungen waren Stationen, die ihr Leben einschneidend prägten. Sie sagte mir mit einem weisen Lächeln im Gesicht: »Mancher muss eben erst alt werden, um die wichtigsten Wahrheiten seines Lebens zu lernen. So ist es jedenfalls mir ergangen. Ich bedaure, dass ich sie nicht früher lernte, aber auch jetzt ist es ja noch nicht zu spät.« Und dann setzte sie drei Schwerpunkte, die ich gerne hier weitergeben will:

- Mir ist klar geworden, dass jeder Tag ein Geschenk Gottes ist. Ich habe eigentlich schon das biblische Alter erreicht: »Unser Leben währet siebzig Jahre, und wenn's hoch kommt, so sind's achtzig Jahre …« So bin ich jeden Tag dankbar, dass ich noch lebe. Wenn ich daran denke, dass das Leben Jesu nur 33 Jahre währte, Zinzendorf 60 Jahre, Martin Luther 63 Jahre, Paul Gerhardt 69 Jahre wurde, dann werde ich nachdenklich. Es sind meine liebsten Männer der Kirchengeschichte. Was verdanke ich ihnen alles an gewonnenen Erkenntnissen. An ihren Liedern kann ich mich nicht satt lesen.

- ★ Mir ist klar geworden: Ich habe viel in meinem Leben geredet; gewiss auch Gutes und Hilfreiches. Heute setze ich einen anderen Akzent, und das ganz bewusst: der stille, selbstlose Dienst ohne Worte: zuhören, sich beschenken lassen, nachdenken, sich versenken in Worte der Bibel und Lieder des Gesangbuches. Diese Zeiten werden jetzt zu Tankstellen meines Lebens. Davon gab es, verglichen mit früher, viel zu wenig. Diese Erkenntnis kommt mir sehr spät, aber eben nicht zu spät. Ich (er)lebe Veränderung.
- ★ Es ist mir klar geworden: Die dunkelsten Tage meines Lebens haben ihre besondere Bedeutung – rückblickend sage ich das. Ich konnte es nicht sagen, als ich mitten im dunklen Tal war. Der »tote Punkt« ist oft Gottes Einstieg gewesen, gute Veränderungen in meinem Leben zu beginnen. So haben sich vermeintliche Katastrophen im Nachhinein oft als Segen herausgestellt. Das sage ich voller Dankbarkeit: Gott hat mich niemals im dunklen Tal allein gelassen, obwohl ich viele eigene Wege gegangen bin. Er hat mich immer wieder – und sei es über Umwege – auf den Weg zum ewigen Leben zurückgebracht. Viele Trostlieder haben mir dabei geholfen.

Zwei wesentliche Faktoren

Aus den vielen Gesprächen mit meinen Interviewpartnern ist mir deutlich geworden: Unser Altwerden wird ganz wesentlich von zwei Faktoren mitbestimmt:

- ★ von unserer Einstellung zum Leben und unserem Lebensstil;
- ★ noch nachhaltiger von unserem Glaubens-Leben, unserer an Jesus Christus orientierten Lebensgestaltung.

Wer in Jesus Christus verwurzelt ist, wird bis ins hohe Alter Gottes Gnade und Barmherzigkeit preisen. Das Lob Gottes wird auf seinen Lippen nicht verstummen, auch wenn die natürlichen Kräfte abnehmen und es manches zu beklagen gibt. Die Lebensgemeinschaft mit Jesus Christus erhält in der Hoffnung. Und Hoffnung lässt nicht zuschanden werden.

Gerade für die junge Generation und auch für die, die in der Vollkraft ihres Lebens stehen, wünsche ich mir wegweisende Vorbilder, »Väter und Mütter in Christus«, die prägend durch ihre Liebe und ihre Geduld, ihre Weisheit und ihr Verständnis, durch die Art und Weise, wie sie ihr Leben meistern, lebendige Zuversicht – mitten im Nachlassen ihrer Kräfte – ausstrahlen. Wo sind die »heimlichen Stuben des Vertrauens« (Luther), in denen reife und durch ein Leben mit Gott weise gewordene Menschen bereit sind, anderen hilfreiche Wegweisung zu einem sinnerfüllten und damit reichen Leben zu geben?! Die helfen, Wesentliches von Unwesentlichem zu unterscheiden, Prioritäten zu setzen, die das Leben profilieren, Werte und Maßstäbe zu vermitteln, die halten, was sie versprechen. Es ist gut, wenn wir uns bewusst machen, dass auf keinen Fall das Alter von selbst gelingt.

Wenn wir Einschränkungen durch das Älterwerden entdecken, dann sollten wir nicht nur jammern und klagen. Es ist verkehrt, immer wieder den Vergleich zwischen dem, was wir früher leisten konnten, und dem, was wir heute alles nicht mehr können, zu ziehen. Wir wollen vielmehr nach vorne schauen, uns über die uns noch verbleibenden Möglichkeiten freuen und sie nutzbringend anwenden. Wir wollen Gott um geöffnete innere und äußere Augen bitten, die Chancen zu erkennen, die sich auch im dritten Lebensalter auftun. Wir wollen viel mehr als bisher bewusst feststellen, was Gott uns alles gelassen und sogar neu erschlossen und gegeben hat, was wir jetzt einbringen können in das Miteinander der Generationen, damit Junge mit den Alten einstimmen in das Lob Gottes. Dabei ist es ein hilfreiches Motto, wenn es umgesetzt wird: »Täglich ein Klagelied weniger und ein Loblied mehr.« Es verändert mich und meine Umwelt!

Auf geistigem Gebiet zeigt sich am meisten, dass der Mensch im Alter erntet, was er in frühen Jahren gesät hat. Es ist erstaunlich, wie lange der Geist schöpferisch tätig sein kann, wenn man früh genug damit begonnen hat, ihn zu schulen. Dazu gehört auch das Auswendiglernen von Bibelworten und Gesangbuchversen. Sie bilden so etwas wie eine »eiserne Ration« für die »Tage, die uns nicht gefallen«. Diese Erfahrung machen wir zur Zeit mit einer 91-jährigen Frau, die in unserer Nähe in einem Altenheim wohnt. Ihr Kurzzeitgedächtnis vergisst, was gerade geschehen ist oder gesprochen wurde oder warum sie in diesem Haus wohnt und die vielen kleinen Dinge des Alltags. Aber die in der Sonntagsschule gelernten Lieder sind gegenwärtig, und wenn sie miteinander gesungen werden – sie hat eine Heimorgel –, dann geht ein Strahlen über ihr Gesicht.

Dankbar äußert sie, dass sie in diesem Liedgut Schätze hat, die ihr jetzt zugute kommen, weil Herz und Gemüt damit befriedet werden.

Man sollte auch im Alter, wenn es nur irgend geht, noch regelmäßig lesen, und zwar nicht nur die Zeitung, sondern gerade auch in der Bibel und im Gesangbuch. Auch das Nachdenken über das eigene Leben, Gespräche führen, sich informieren, vielleicht auch beginnen, einmal entscheidende Stationen seines Lebensweges niederzuschreiben, all das trägt wesentlich zur Bereicherung des Lebens bei. Man kann das ergänzen mit Liedern zu bestimmten Erfahrungen des Lebens, die genau das ausdrücken, was man damals empfunden hat oder heute rückblickend dazu empfindet. Also: Das Gesangbuch zur Hand nehmen und darin lesen! Und dann das Niedergeschriebene der jungen Generation zum Lesen weitergeben. Das kann zu einem wertvollen Gedankenaustausch führen.

Alte und Junge sollen einander ergänzen. Was dem einen fehlt an Weisheit und Lebenserfahrung, kann der andere einbringen. Und was dem anderen fehlt an Kraft und Dynamik, kann der eine aufbringen. Wichtig ist, dass beiden bewusst ist, dass sie einander brauchen: der Alte den Jungen, der Junge den Alten! Man muss miteinander im Gespräch sein und bleiben, aufeinander hören, sich gegenseitig verständlich machen, um verstanden zu werden. Bei allem gilt es, Gottes Ehre zu suchen. Dann erschallt gemeinsames Lob Gottes.

Sonntag Cantate

Wir hatten eine Bibel- und Seelsorgefreizeit. Im Vorgespräch waren wir uns einig geworden, dass wir den Gottesdienst gemeinsam gestalten würden. Die Aufgaben wurden verteilt. Jeweils eine kleine Gruppe übernahm für einen Teil die Verantwortung: Gestaltung des Raumes, Bibelworte auswählen, Lieder aussuchen, Gebete formulieren. An Stelle der Predigt sollten die Teilnehmer sagen, durch welches Lied sie besonders gesegnet wurden. Es kamen ganz unterschiedliche Antworten, weil wir es auch mit ganz verschiedenen Teilnehmern zu tun hatten: Junge, im mittleren Alter Stehende, junge Alte und Altgewordene – vom 20. bis zum 86. Lebensjahr. Darunter waren solche, die noch nicht glaubten, andere, die am Anfang ihres Weges mit Jesus standen, und wieder andere, die schon lange auf dem Weg mit Jesus waren; darunter solche, die durch tiefe Täler geführt wurden, andere, die gar keine Probleme hatten, wieder andere, die fröhlich ihre Straße zogen; Arbeitslose, Gestresste, Gefrustete, Dankbare, Zweifler … – eine bunt zusammengewürfelte Schar.

Es war interessant, wer warum welches Lied mochte oder auch nicht. Die Berichte waren ansprechend, machten nachdenklich und halfen, die Biografie des Einzelnen besser zu verstehen.

Nicht nur die genannten Lieblingslieder waren total unterschiedlich, auch die damit verbundenen Geschichten. Da erzählte eine Frau von einer Evangelisation, wie ein Lied den Ausschlag gab, ihren Glauben an Jesus Christus öffentlich zu bekennen. Ein anderer sprach davon, wie er ein Lied nicht mehr singen könne, weil er mit seinem Inhalt nicht mehr übereinstimme, es ihm zu oberflächlich erscheine. Ein junger Mann berichtete, wie ihn die Anbetungslieder ermutigten. Ein Ehepaar sprach von dem Trost und der Hoffnung, die es durch Lieder in seiner Trauer um ihr Kind bekommen habe. Eine der ältesten Teilnehmerinnen erzählte davon, wie sie sich durch die Ewigkeitslieder immer mehr auf die letzte Wegstrecke vorbereite; dass sie etwas davon erlebe, was Marie Schmalenbach (1835–1924) in ihrem Lied so ausdrückt: »Ewigkeit, in die Zeit leuchte hell hinein, dass uns werde klein das Kleine und das Große groß erscheine …« Mit den Liedern verband sich bei jedem ein Stück Lebens- und Glaubensgeschichte. Es war für mich eine unvergessliche Stunde, die wir miteinander erlebten. Und diese Stunde dauerte – ohne dass wir es merkten – länger als eine Stunde, ohne dass einer auf die Uhr schaute!

Lieder, durch die ich gesegnet wurde!

So könnte ein besinnlicher Nachmittag allein oder im kleinen Kreis überschrieben sein. Ein paar praktische Tipps zum Ausklang dieses Büchleins, wie Sie sich mit Liedern beschäftigen können:

- ★ Was ist mein Lieblingslied und warum?
- ★ Welche persönlichen Erfahrungen und Erkenntnisse verbinden sich mit meinem Lieblingslied? (Freude, Leid, Gutes, Schweres, Hoffnung, Dankbarkeit, Lob, Schwäche, Müdigkeit ...)
- ★ Welches Lied wurde mir zum besonderen Trost?
- ★ Welches Lied ermutigt mich?
- ★ Welches Lied motiviert mich?

Hilfen zur Beantwortung dieser Fragen gibt Ihnen das Gesangbuch:

- ★ mit seinen Inhaltsangaben am Anfang: Lob, Dank, Gebet, Wort Gottes, Gemeinschaft, Heilsweg, Glaubenserfahrung, christlicher Wandel, christliche Hoffnung, besondere Zeiten …
- ★ mit seinem alphabetischen Inhaltsverzeichnis am Ende. Es hilft, gezielt Lieder zu finden.

★ Auch das Kirchenjahr bietet eine reiche Fundgrube für die Beantwortung der Fragen: Advent, Weihnachten, Jahreswende, Epiphanias, Passion, Ostern, Himmelfahrt, Pfingsten, Trinitatis, Erntedankfest, Reformationstag, Ewigkeitssonntag.

Impulse für das dritte Lebensalter
von Kurt Scherer

In der Reihe sind bisher erschienen:

Ruhestand oder »in Rufweite«?
Bestell-Nr. 77 803
ISBN 3-501-01380-9

Die Jahre vertiefen
Bestell-Nr. 77 804
ISBN 3-501-01381-7

Wenn's ums Geld und Erben geht
Bestell-Nr. 77 805
ISBN 3-501-01382-5

Seelsorgerliches zum Umgang
mit dem Sterben
Bestell-Nr. 77 806
ISBN 3-501-01383-3

Sich regen bringt
auch im Alter Segen
Bestell-Nr. 77 811
ISBN 3-501-01393-0

Das Buch der Bücher
Bestell-Nr. 77 830
ISBN 3-501-01403-1

Beten – von Herzen mit Gott reden
Bestell-Nr. 77 834
ISBN 3-501-01417-1